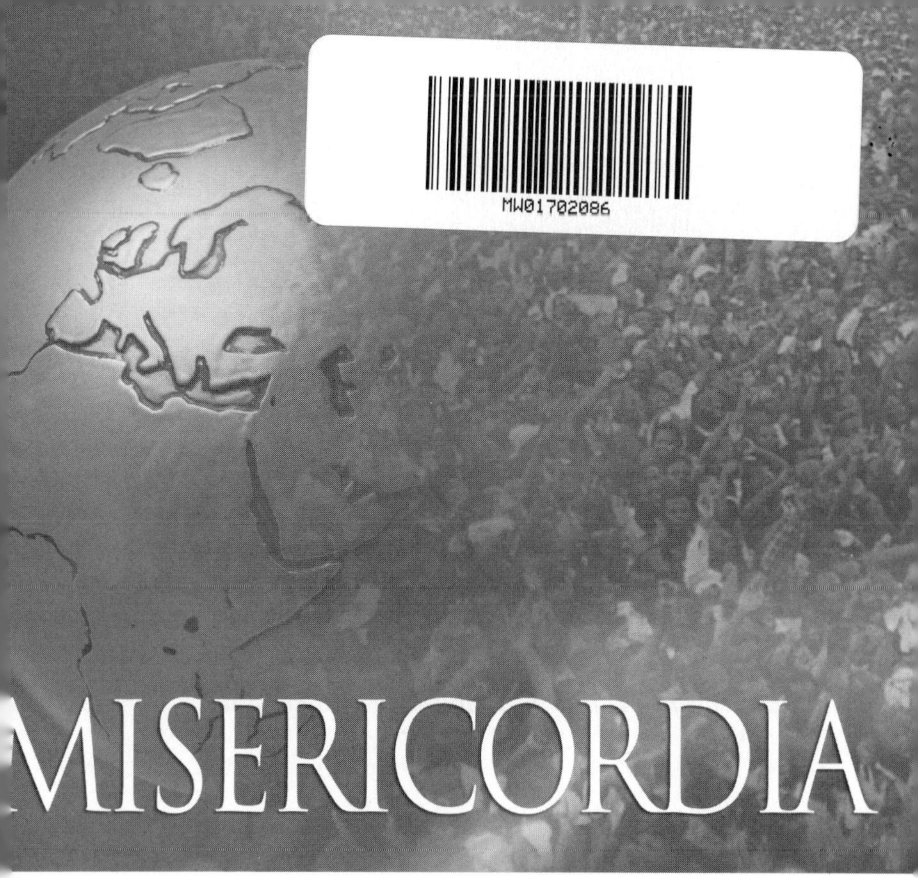

MISERICORDIA

EL RESCATE DIVINO DE LA HUMANA RAZA

KENNETH COPELAND

JESÚS ES EL SEÑOR

PUBLICACIONES
KENNETH
COPELAND

A menos que se indique, toda escritura biblica proviene de la *Version Reina Valera* 1960.

Misericordia—El rescate divino de la raza humana

ISBN 0-88114-726-5 30-0024S

12 11 10 09 08 07 11 10 9 8 7 6

Publicaciones Kenneth Copeland
Fort Worth, TX 76192-0001
UNITED STATES OF AMERICA

Contenido

1
La Naturaleza de Dios

Desde el Jardín del Edén, Dios ha tenido que tratar con el hombre a cierta distancia, debido a la gloria que rodea Su ser. Sería mortal para el hombre si Dios Se le apareciera en la totalidad de Su poder. El una vez le reveló a Moisés que ningún hombre podía mirarle a Su rostro y vivir. Ilustró esto al permitir a Moisés un vistazo de El por detrás. El dijo, *Yo te pondré en una hendidura de la peña, y te cubriré con Mi mano hasta que haya pasado.* Misericordiosamente, Dios protegió a Moisés del intenso poder que radiaba de Su rostro, sabiendo que aún la sombra de Su presencia sería demasiada para él.

Sin embargo, esta distancia entre el hombre y Dios no estaba en el plan original de Dios. El había creado a Adán y lo había vestido con Su propia luz y gloria. Adán no sabía que él estaba desnudo. Antes de pecar, todo lo que él sabía era que el fuego de la gloria de Dios estaba alrededor de su cuerpo. Pero después de la caída, Adán perdió ese fuego, y ya no pudo tener comunión con Dios en Su presencia, como lo había hecho antes. Si él lo hubiera hecho, la gloria de Dios, que consume todo pecado, lo hubiese consumido a él también.

Dios deseaba restaurar nuestra relación con El, para poder hacer posible que nosotros anduviéramos y habláramos con El, tal como lo hizo con Adán. Su deseo es de tener comunión con nosotros. El envió a Jesús a la Tierra para pagar el precio por el pecado del hombre. A través de Jesús, la gloria de Dios vino envuelta en carne humana, para que una vez más el hombre y su Creador pudieran tener contacto. Jesús nació de una virgen, sin pecado. El Espíritu Santo Se movió sobre María, y fue concebido en ella una cosa santa. Jesús no nació de un hombre natural, sino que Dios mismo hizo que vida entrara en el vientre de María. La vida de Dios fluyó a este cuerpo humano. La gloria de Dios, que habitó en él, no consumió a Jesús como lo hubiera hecho a un hombre pecador. Sin embargo, fue un fluyente río de sanidad que radiaba de la persona de Jesús. Una vívida ilustración de esto es el relato del Monte de la Transfiguración, donde las ropas y el rostro de Jesús literalmente brillaron con la gloria de Dios.

Hoy ya no estamos limitados de entrar a la presencia de la gloria de Dios. El Nuevo Pacto nos dice muy claramente que el Dios, que mandó que de las tinieblas resplandeciese luz, brilló en nuestros corazones, para darnos el conocimiento de la luz de la gloria que brilla en el rostro de Cristo Jesús (2 Corintios 4:6-7). Dios puso Su gloria en nosotros, y lo hizo porque Su misericordia es para siempre. Su misericordia fue más grande que todo el pecado de todo el mundo.

Cuando Jesús, el Hijo de Dios, dijo, "Permite que esta copa pase de Mí," el Padre podía haberlo hecho. El Padre podía haber dicho, "Yo no voy a traer todo el pecado de esa humanidad perdida, en el único ser justo que ha caminado en la Tierra, desde el Jardín del Edén"; pero la misericordia y compasión eterna de Dios, eran más grandes que lo que Le iba a ocurrir a Su Hijo. La misericordia venció.

Jesús siguió el ejemplo de Su Padre. El siempre fue movido y guiado por la compasión. El nunca actuó por Sus propios motivos o ideas. La compasión y la misericordia motivaban Su mente, aunque Su cuerpo estaba sufriendo. Brotó dentro de El y Le produjo gozo, y fue por este gozo que Jesús soportó la vergüenza de la cruz.

Compasión Tierna

Jesús experimentó la misma compasión que le causa a una madre, o a un padre, vencer el temor de daño personal por amor a sus hijos. Un padre se enfrentará a todas las fuerzas del infierno, y se lanzará contra fuerzas mucho mayores que él, cuando éstas vienen a amenazar a su familia. Su misericordia y compasión son mucho mayores que cualquier peligro que él ve con sus ojos y oye con sus oídos.

Nunca me olvidaré cuando mi hijita, Kellie, vino una vez y se sentó en mi regazo. Ella tenía solamente tres años. Yo estaba mirando otra cosa, y ella tomó sus dos deditos índices, puso uno en cada una de mis mejillas, y volteó mi cara hacia la de ella. Al acercarme, ella me dijo, "Papito, te amo." En ese momento, si yo hubiese sido dueño de la luna, ¡se la hubiese regalado!

Dios responde a Sus hijos cuando expresan su amor por El, tan naturalmente como un padre responde a su hijo que le dice, "Yo te amo." La Palabra dice que recibimos la similaridad de nuestro amor paternal de Dios. Nuestro Papel, como padres, es un modelo de la relación que tenemos con nuestro Padre celestial. Eso significa que nunca lograremos nada mostrando nuestros puños en el rostro de Dios, pero cuando llegamos frente a El y decimos, "Te amo. Tú eres el Rey de mi vida, y yo iré a dondequiera que me digas que vaya, y haré todo lo que me digas que haga," Dios nos responderá compasivamente.

Cuando tomamos nuestro lugar como Sus hijos, El siempre tomará Su lugar como nuestro Padre. El Dios Todopoderoso es el más grande ser de amor en todo el mundo. El está completamente en conocimiento de cada uno de nuestros pecados. Sin embargo, El envió a Jesús a la cruz antes de condenarnos a nosotros, y el no ha cambiado. El aún está buscando oportunidades para mostrar Su misericordia.

En 2 Crónicas 5, El instruyó a los hijos de Israel a que pusieran cantores frente a su ejército. Ellos cantaron, "Dios es bueno. Su misericordia es para siempre." Ellos realmente le estaban diciendo al enemigo, "¡Dios nos ama de todos modos, así que más vale que no se meta con nosotros!" En respuesta, Dios Se volvió contra el ejército del enemigo antes que los Israelitas llegaran a ellos, porque ellos habían declarado Su misericordia.

Note también que cuando los hijos de Israel comenzaron a gritar acerca de las misericordias de Dios, el lugar donde ellos estaban reunidos se llenó con la gloria de Dios. La presencia de Dios era tan poderosa, que los sacerdotes no podían mantenerse en pie para ministrar. Versos 13-14 dicen:

Cuando sonaban, pues, las trompetas, y cantaban todos a una, para alabar y dar gracias a Jehová, y a medida que alzaban la voz con trompetas y címbalos y otros instrumentos de música, y alababan a Jehová, diciendo: Porque El es bueno, porque Su misericordia es para siempre, entonces la casa se llenó de una nube, la casa de Jehová. Y no podían los sacerdotes estar allí para ministrar, por causa de la nube; porque la gloria de Jehová había llenado la casa de Dios.

Razones Para la Adoración

La misericordia es la razón por la cual adoramos a Dios. Nos motiva a andar santamente frente a El. Nos da confianza para poder acercarnos a El sin temor. Podemos descansar, sabiendo que la misericordia de Dios es mayor y más fuerte que cualquier otra cosa. Tiene duración ilimitada. El Salmo 136 declara esto. Dice:

Alabad a Jehová, porque El es bueno, porque para siempre es Su misericordia. Alabad al Dios de los dioses, porque para siempre es Su misericordia. Alabad al Señor de los señores, porque para siempre es Su misericordia. Al único que hace grandes maravillas, porque para siempre es Su misericordia. Al que hizo los cielos con entendimiento, porque para siempre es Su misericordia. Al que extendió la tierra sobre las aguas, porque para siempre es Su misericordia. Al que hizo las grandes lumbreras, porque para siempre es Su misericordia. El sol para que señorease en el día, porque para siempre es Su misericordia. La luna y las estrellas para que señoreasen en la noche, porque para siempre es Su misericordia. Al que hirió a Egipto en sus primogénitos, porque para siempre es Su misericordia. Al que sacó a Israel de en medio de ellos, porque para siempre es Su misericordia. Con mano fuerte, y brazo extendido, porque para siempre es Su misericordia. Al que

dividió el Mar Rojo en partes, porque para siempre es Su misericordia; E hizo pasar a Israel por en medio de él, porque para siempre es Su misericordia; Y arrojó a Faraón y a su ejército en el Mar Rojo, porque para siempre es Su misericordia. Al que pastoreó a Su pueblo por el desierto, porque para siempre es Su misericordia. Al que hirió a grandes reyes, porque para siempre es Su misericordia; Y mató a reyes poderosos, porque para siempre es Su misericordia; A Sehón rey amorreo, porque para siempre es Su misericordia; Y a Og rey de Basán, porque para siempre es Su misericordia; Y dió la tierra de ellos en heredad, porque para siempre es Su misericordia; En heredad a Israel Su siervo, porque para siempre es Su misericordia. El es el que en nuestro abatimiento Se acordó de nosotros, porque para siempre es Su misericordia; y nos rescató de nuestros enemigos, porque para siempre es Su misericordia. El que da alimento a todo ser viviente, porque para siempre es Su misericordia. Alabad al Dios de los cielos, porque para siempre es Su misericordia.

Viendo esto, usted puede ver que cada obra de Dios está cubierta por Su misericordia. Y, entre las cosas que la misericordia de Dios puso en operación, están las maravillas, sabiduría y Su poder creador.

La Base de la Santidad de Dios

La misericordia de Dios es grande. No solamente dura para siempre, sino que es también santa. Esto es verdad debido a que el amor, la fuente de la misericordia y la compasión, es la base de la santidad. Cada vez que recordamos cuán santo es Dios, debemos darle gracias y adoración porque "para siempre es Su misericordia." Salmo 30:4-5 dice, *"Cantad a Jehová, vosotros Sus santos, y celebrad la memoria de Su santidad. Porque un momento será Su ira, pero Su favor dura toda la vida: Por la noche durará el lloro, y a la mañana vendrá la alegría."*

Comprenda que aunque Dios, al ser santo, levanta un criterio alto contra el pecado, no es para prevenirnos que lo pasemos bien. La misericordia es el factor motivante. Dios quiere que experimentemos el mismo gozo que El tiene, viviendo y andando en Su ejemplo. En Su misericordia, El está tratando de guardarnos del pecado, el cual tiene el poder de matarnos. Debemos regocijarnos en Su misericordia protectora que El demuestra hacia nosotros, y adorarle porque Su santidad es una expresión de Su amor.

La Primera de Crónicas 16:25-33 nos instruye que adoremos al Señor "en la belleza de Su santidad." Dice:

> **Porque grande es Jehová y digno de suprema alabanza, Y de ser temido sobre todos los dioses. Porque todos los dioses de los pueblos son ídolos; mas Jehová hizo los cielos. Alabanza y magnificencia delante de El; Poder y alegría en Su morada. Tributad a Jehová, oh familias de los pueblos; Dad a Jehová gloria y poder. Dad a Jehová la honra debida a Su nombre; traed ofrenda y venid delante de El; postraos delante de Jehová en la hermosura de la santidad. Temed en Su presencia, toda la tierra; El mundo será aún establecido, para que no se conmueva. Alégrense los cielos, y gócese la tierra, Y digan en las naciones: Jehová reina. Resuene el mar, y su plenitud; Alégrese el campo, y todo lo que contiene. Entonces cantarán los árboles de los bosques delante de Jehová, porque viene a juzgar la tierra.**

Mayor que la Ira de Dios

Si comenzamos a analizar la naturaleza misericordiosa de Dios, comenzaremos a comprender cómo piensa El. Obtenemos nuevos dicernimientos en la Palabra de Dios, donde no lo habíamos logrado antes.

Me permití ser robado los primeros cinco años de mi ministerio, porque no comprendí Su misericordia. No permita que la condenación le prive a usted de actuar en la misericordia de

Dios. Siga lo que la Palabra dice respecto a esto. Mantenga en mente que en comparación con Su ira, la misericordia de Dios es mucho mayor. Salmo 30:5 dice, *"Porque un momento será Su ira."* En contraste, recuerde Salmo 136: Para siempre es Su misericordia.

Dios **siempre** le ha amado a usted. El le amó a usted cuando usted aún era pecador y no Lo conocía a El. El ama a la persona que ha violado todos los mandamientos que existen. Debido a que el amor de Dios es constante y El nunca cambia, no hay nada que usted pueda hacer para hacerlo que le quiera más ó menos. El le ama a usted con todo Su ser. Y El **es** amor.

Salmo 145:8-9 dice, *"Clemente y misericordioso es Jehová, Lento para la ira, y grande en misericordia. Bueno es Jehová para con todos, y Sus misericordias sobre todas Sus obras."* Hacemos cosas que Le desagradan, pero aún nos ama.

Redención del Pecado

Estamos seguros en el conocimiento que no podemos cambiar cuánto nos ama El. Todo lo que Dios hace y todos Sus pensamientos están basados en Su misericordia. Estos son los pensamientos y caminos altos de Isaías 55:8-9. Su misericordia está *"sobre todas Sus obras".* Cuando cometemos errores, El nos mira tiernamente y con compasión. El gemido de Su corazón es que nosotros huyamos del pecado y vengamos a El. El nos ofrece un lugar de descanso. El está continuamente diciendo, "No hagáis eso nunca más. *Venid a Mí, todos los que estáis cansados y trabajados, y Yo os haré descansar."* En Su misericordia, Dios a veces trata con personas por toda una vida, y aún así ellos Le prestan poca atención a El. Pero aunque sea poca la atención que Le presten a El, El aún les bendice en eso poco.

Dios está totalmente motivado por el amor. No podemos hacerlo hacer nada. El tratar de forzarlo a ayudarnos, llorando y continuamente haciendo confesiones, está fuera del área de Su misericordia y ternura. El está esperando que nosotros andemos por fe. Romanos 4:16 dice, *"Es por fe, para que sea por gracia."* El desea tratar con nosotros basado en la gracia y misericordia. Su deseo es bendecirnos, más de lo que nosotros mismos deseamos ser bendecidos.

Aunque su cuerpo haya sido arruinado por el pecado a través de las drogas, alcohol, o malos hábitos alimenticios, etc., Dios aún desea compasivamente ver su cuerpo robusto y en buen estado. Su misericordia vendrá allí y le limpiará de toda inmundicia. Reemplazará el pecado en su vida. Proverbios 16:6 dice, *"Con misericordia y verdad se corrige el pecado."* O usted puede decir, "Con misericordia y la Palabra, se corrige el pecado." Cuando la misericordia fluye, la adicción a la droga o el deseo por la bebida sale, para nunca más volver.

El diablo no quiere que usted acepte la misericordia de Dios. El quisiera que usted pensara que un pecado justifica a otro. La verdad es que el pecado clama por la compasión de Dios, y la liberación y redención a través de Cristo Jesús. La misericordia de Dios **no** es una excusa para pecar. Más bien es una seguridad de que no tenemos que permanecer encarcelados por el pecado.

Proverbios 28:13 dice, *"El que encubre sus pecados no prosperará; mas el que los confiesa y se aparta alcanzará misericordia."*

Esperanza y Sanidad

La misericordia de Dios nos provee esperanza. Debemos tener esperanza para que nuestra fe obre, porque la fe es la substancia de las cosas que *esperamos.* Sin ella, nuestra fe no tiene ninguna imagen para traer a realización. Lamentaciones 3:21-23 dice, *"Esto recapacitaré en mi corazón, por lo tanto, esperaré. Por la misericordia de Jehová no hemos sido consumidos, porque nunca decayeron sus misericordias. Nuevas son cada mañana; grande es tu fidelidad."*

Nuestra esperanza está en recapacitar en nuestra mente que la misericordia del Señor es nueva cada mañana. Podemos poner nuestra fe en eso, sabiendo que Dios es fiel a Su misericordia. Cada día cuando despertamos, El está allí para amarnos otra vez. Debemos recordarnos, como el salmista lo hizo en Salmo 103, acerca de las provisiones de la misericordia de Dios. El le dijo a su propia alma, a su propia mente, que las recordara. El dice, *"Bendice, alma mia, a Jehová, y bendiga todo mi ser su santo nombre. Bendice, alma mía, a Jehová, y no olvides ninguno de sus beneficios."* Luego, él comenzó a mencionar la lista de los beneficios. *"El es quien perdona todas tus iniquidades, El que sana todas tus dolencias; El que rescata del hoyo tu vida, El que te corona de favores y misericordias; El que sacia de bien tu boca De modo que te rejuvenezcas como el águila."*

Dios hace que Su misericordia permanezca sobre usted como una corona en su cabeza, y llena su boca con todo bien. Al permanecer orando en lenguas, el Espíritu Santo obrará en las debilidades de nuestra carne y creará en nosotros nuevos deseos, a los cuales nuestro cuerpo responderá. El creará dentro de nosotros los deseos de orar, de andar en amor y de decir las palabras correctas. El resultado será que hablemos las buenas cosas—buenas oraciones, y buenas confesiones de fe, misericordia, y libertad del pecado. El llenar nuestra boca de cosas buenas causará, como resultado, que produzca fruto de acuerdo a las cosas que hemos hablado, y nuestra juventud será renovada.

Cuando medite en la misericordia de Dios, considere estas escrituras y vea a Dios renovando y cambiando su vida día tras día:

Lucas 6:36, Usted debe ser misericordioso como su Padre es misericordioso.

Segunda de Corintios 1:3, Nuestro Padre es el Padre de toda misericordia, y el Dios de toda consolación.

Efesios 2:4, Dios es rico en misericordia.

Hebreos 4:16, La misericordia es obtenida en el trono de gracia en oración.

Mateo 9:36; Isaías 40:11, Jesús tiene compasión y misericordia como el Pastor de las ovejas. El es el Buen Pastor.

Marcos 6:34, Jesús enseñó por compasión.

Lucas 7:13, Jesús levantó a los muertos por compasión.

Mateo 15:32, Jesús alimentó a la multitud por la compasión y la misericordia.

La misericordia de Dios le es extendida a usted. El pecado no le impedirá de ser sanado. La única cosa que le impedirá de recibir su sanidad es el mantenerse en pecado y no arrepentirse de él. Santiago 5:14-15 dice, *"¿Está alguno enfermo entre vosotros? Llame a los ancianos de la iglesia y oren por él, ungiéndole con aceite en el nombre del Señor. Y la oración de fe salvará al enfermo, y el Señor lo levantará; y si hubiere cometido pecados, le serán perdonados."*

Ore en fe, pero al mismo tiempo, sea extremadamente honesto con usted y con Dios. Deje de jugar y engañarse a sí mismo. Si usted está viviendo en pecado, **sáquelo de su vida inmediatamente.** Haga una determinación, "Voy a andar santamente porque mi Dios es santo." El diablo tratará de advertirle que no haga esa decisión, porque usted probablemente no podrá cumplirla, p**ero Dios envió el Espíritu Santo para ayudarle con Su poder.** Si usted se equivoca, sea honesto. Corra directamente a El y arrójese a Su misericordia, la cual dura para siempre. Recuerde, Su misericordia es nueva cada mañana.

La Misericordia Da Gracia

Cuando el Apóstol Pablo tenía un aguijón en la carne, un mensajero enviado por Satanás para abofetearlo, él Le pidió a Dios tres veces que se lo retirara de él. Cada vez Dios le dijo, "Bástate Mi gracia." El no dijo, "No puedes ser librado" o, "Mi gracia no es suficiente." El le estaba diciendo a Pablo que él era libre para recibir gracia y misericordia en aquella área todo el tiempo.

Dios le respondió a Moisés de la misma manera. El le dijo, "Yo Soy El que Soy." El le estaba diciendo a Moisés, "Cuando necesitas credenciales frente a Faraón, Yo Soy El que Soy. Yo Soy el agua que sale de la roca. Yo Soy sanidad. Yo Soy redención para tus pecados." En otras palabras, "Yo Soy la fuente de **todo** lo que necesitas. Cualquier cosa que necesites, Yo Soy ESO."

¿Quién es Dios? Su identidad puede resumirse en tres palabras: **misericordia, compasión y amor.** A través de ellas, El Se está revelando a Sí mismo a nosotros como lo hizo a Moisés. El está diciendo, "Yo Soy Misericordia. Yo Soy Compasión. Yo Soy amor."

2
Cómo Tener Fe en la Misericordia de Dios

Algunas personas tienen la idea que el andar en armonía con Dios, significa que El siempre requerirá que ellos deban privarse de las cosas que desean. Ellas piensan que nunca deberán esperar algo bueno de El, pero eso no es verdad. La misericordia de Dios se extiende a las cosas que queremos, tanto como a nuestras necesidades personales. El desea darnos más de lo que podemos desear para nosotros mismos. Aún nuestra habilidad para pedirle cosas no es tan grande como Su deseo de darnos.

Dios desea proveer para nosotros en abundancia, para que podamos tener lo suficiente para nosotros mismos y lo suficiente para compartir con otros. Es Su deseo que nosotros nos aliniemos espiritualmente con El, para El usarnos como canales de bendición a otros. Dios conoce que la prosperidad arruinará a uno que confía en su propia manera de pensar. El necio malgastará lo que Dios le ha dado en su propia codicia, y se olvidará que fue Dios el que le dió El poder para recibir esta abundancia, por lo tanto, Dios está esperando que nosotros aliniemos nuestra mente y voluntad con Su mente y la voluntad del Espíritu. Cuando nuestros deseos van en la misma dirección que los de El, El nos puede dar algo sin temor a que nos haga daño.

Santiago 1:2-4 expresa la voluntad de Dios para nosotros. Dice, *"Más tenga la paciencia su obra completa, para que seáis perfectos y cabales, sin que os falte cosa alguna."* Es Su deseo que no experimentemos ninguna necesidad en recibir las cosas que deseamos. El Salmo 23 refleja este mismo pensamiento. El verso 1 dice, *"Jehová es mi pastor; nada me faltará."*

Como nuestro Pastor, Jesús nos ha invitado a una mesa de banquete, que ha sido preparada para nosotros en presencia del diablo y todo el infierno, donde podemos regocijarnos con las provisiones de Sus tiernas misericordias. Salmo 23:5-6 dice, *"Aderezas mesa delante de mí en presencia de mis angustiadores; Unges mi cabeza con aceite; mi copa está rebosando. Ciertamente el bien y la misericordia me seguirán todos los días de mi vida, Y en la casa de Jehová moraré por largos días."*

Jesús no está hablando de la cena de bodas del Cordero, ni ninguna otra fiesta celestial, porque ninguno de nuestros enemigos está presente en el cielo. El Se está refiriendo a una celebración terrestre donde podemos venir y alimentarnos de la carne de la Palabra de Dios en Su mesa. Venimos a aquel banquete por un acto de nuestra voluntad, por fe. Verso 4 dice, *"Aunque ande en valle de sombra de muerte, no temeré mal alguno."*

En lugar de gozar la grandiosa fiesta, la mayoría de la gente quiere esconderse bajo la mesa del banquete y comer las migajas que han caído, porque no se sienten merecedores. Dios tiene problemas en lograr que ellos reciban lo que ha sido provisto para ellos. Ellos se olvidan que aunque Jesús es el único merecedor de estar allí, El ha extendido Su misericordia a nosotros y ha pagado el precio, para que podamos comer con El.

Recuerde lo que el Salmo 23 dice: *"Ciertamente el bien y la misericordia me seguirán todos los días de mi vida, y en la casa de Jehová moraré por largos días."* ¿Puede ver usted lo que Dios está diciendo? Es cosa *segura* que Su misericordia y bondad nos seguirán siempre. Su misericordia está con nosotros a través de lo bueno y lo malo en nuestras vidas, y si Su misericordia está continuamente siguiéndonos, entonces, piense cuán fácil es para nosotros detenernos y abrazarla.

Un Hecho de Fe

Dios nos promete Su misericordia, pero como creyentes, debemos actuar como si Su Palabra es verdad, o nunca tendremos ninguna fe en Su Palabra. Usted puede tomar una

Biblia y ponerla sobre la mesa y decir, "Oh, este es un libro sagrado." Pero si usted nunca depende de lo que Dios dice en Su Palabra, y actúa en ella, su poder nunca será manifiesto en su vida. Las cosas santas no son frágiles. Usted puede mantenerse en la Palabra de Dios cuando todo lo demás parezca fallar.

Dése cuenta que usted tiene que poner su fe en la Palabra de Dios para que Su voluntad se realice en su vida. Usted debe ejercitar su fe en Su misericordia para recibir misericordia, tal como usted empleó fe en la ley de salvación para poder nacer de nuevo. Por ejemplo, un hombre puede sentarse en la iglesia, morirse, e irse al infierno porque nunca ha puesto en acción sus creencias.

Romanos 10:17 dice, *"Así que la fe es por el oír, y el oír, por la Palabra de Dios."* Porque la Biblia es nuestra fuente de fe, usted debe oír lo que la Palabra de Dios dice acerca de la fe para poder desarrollarla. De la misma manera, si usted quiere ejercitar su fe en la misericordia de Dios, usted tendrá que estudiar y meditar en lo que la Palabra de Dios dice respecto a Su misericordia.

Algunos cristianos no saben qué es lo que tienen en el nuevo nacimiento. Han oído el mensaje de la cruz; han oído y han recibido la fe para nacer de nuevo, pero no han escuchado lo que la Palabra dice acerca de la salvación para esta vida—para hoy y mañana. Si lo hubieran oído, descubrirían que están en Cristo Jesús, y que han recibido Su mérito delante del Padre. Comprenderían que Dios no está mirándolos sino a través de la misericordia y gracia. El nos ve en Jesús. El nos ve en Su mérito.

Confesión de la Palabra de Dios

Cuando tomé la decisión de vivir mi vida basada en mi posición en Cristo Jesús, tuve que tomar esa posición por fe. No pude ganármela. Jesús de Nazaret colgó en una cruz y pagó por ella para que yo la recibiera gratuitamente. Por lo que cuando digo, "Por Sus llagas soy sano," no estoy solamente diciendo una cita de Escritura. Es una declaración de donde yo estoy en El.

Si alguien me preguntara, "¿Cómo estás?" yo le diría,

"¡Fantástico!" aunque físicamente me sienta terriblemente mal. No estoy hablando desde mi lugar en el ambiente natural. Estoy hablando basado en mi posición en Cristo Jesús. Estoy hablando y actuando así porque la Palabra es absolutamente verdad. Por lo tanto, yo creo que lo que digo ocurre. Lo que digo, estoy hablándolo por fe, para ejercitar esa fe y cambiar mi posición física.

Los cristianos a menudo han malentendido la confesión de fe, porque es difícil para la gente, llamar las cosas que no son como que fueran. Pero la Biblia dice que esto es lo que Dios hace. Le hablo a usted basado en lo que la Palabra de Dios dice, y no basado en mi cuerpo físico. Su Palabra tiene más autoridad que mi cuerpo. Al hacer esto, estoy poniendo presión sobre las Escrituras que dicen, ***"Por Su llaga fuisteis sanados."*** Estoy poniendo mi fe en la Palabra de Dios, obedeciendo lo que Jesús dijo, ***"Obtendréis todo lo que dijeres."*** Estas Escrituras son fuertes y nos sostendrán.

Una señora a quien conozco estaba toda enrollada como una bola, con distrofia muscular, cuando su familia la llevó de vuelta al hospital para que muriera. La tenían que llevar en una sábana porque ella no podía moverse, pero ella rehusaba salir de la casa a menos que alguien le trajera sus zapatos.

Ella dijo, "¡Anda y trae mis zapatos, o yo no voy! Cuando Jesús me levante, no quiero caminar descalza por esos pisos fríos del hospital."

Le trajeron sus zapatos y luego la llevaron al hospital. Jesús Se le apareció a esa mujer en medio de la noche y la sanó. Dijeron que cuando sus huesos y su cuerpo se enderezaron, sonaba como que alguien estaba disparando una pistola en aquel cuarto.

Desarrollando la Fe en Misericordia

Necesitamos aprender a actuar en lo que la Palabra de Dios dice y apropiarnos de Su misericordia como hizo esta mujer. Necesitamos aprender a colocar nuestra fe en la misericordia de Dios, especialmente cuando pecamos. El diablo se nos acercará diciéndonos lo malo que somos por pecar, cuando él es quien nos ha causado hacerlo. Esta es la hora de ejercitar nuestra fe en la tierna misericordia de Dios. La Segunda Epístola de Pedro 1:4 dice que *"por medio de las preciosas y grandísimas promesas, llegamos a ser participantes de Su naturaleza divina..."* Su naturaleza es misericordia y compasión. Debemos mantenernos en I Juan 1:9 que dice, *"Que si confesamos nuestros pecados, El [Jesús] es fiel y justo para perdonar nuestros pecados y limpiarnos de toda injusticia."*

No sea guiado por sentimientos de culpabilidad después de actuar en la Palabra de Dios. Permanezca en ella por fe. Cese de basar su fe en cómo se siente, y comience a confiar en Su tierna misericordia. Suelte su fe en Su gracia y compasión.

Aquí hay cuatro formas como usted puede hacer eso:

1. **Ponga la Palabra en primer lugar.** Hágala que sea la autoridad principal en su vida, y cambie su modo de pensar para estar de acuerdo con ella. Cuando la Palabra dice, "Si confesamos nuestros pecados, El es fiel y justo para perdonarnos," debemos comenzar a tener fe en eso. Comience a inclinar su oído a esa Palabra y actuar sobre ella, aún cuando no quiera hacerlo.

2. **Medite en la misericordia de Dios.** Fije su mente en Jesús y Su misericordia. No piense sobre todos los fracasos y las cosas malas que usted ha hecho. Si usted nunca ha hecho nada bueno en su vida, haga algo bueno antes que el día se acabe, y piense en eso. Recuérdese que Dios no Se lanzó contra usted cuando era un pecador, y no va a lanzarse contra usted ahora que es Su hijo. Usted no puede ocultar de El sus faltas cuando falla, pero usted puede ver Su misericordia siguiéndolo a usted, y puede verse a sí mismo cediendo a ella. Medite acerca de correr hacia El cuando usted peca. Luego piense acerca de esto. "¿Cómo ha cambiado mi vida desde que creí que Su misericordia me sigue para siempre? ¿Qué tengo que hacer para mantenerme en la misericordia de Dios?"

No medite en el temor. Todo temor es egoísta y no es del amor. Esto lo hace ser pecado. La preocupación es temor porque está centrada en sí misma, que siempre le causa tener miedo de, "¿Qué es lo que me va a pasar a mí?" La manera cómo arrojarla fuera, es reemplazarla con pensamientos de amor. La Biblia dice, *"...el perfecto amor echa fuera todo temor."* Mientras más medita en el amor, menos se preocupará acerca de sí mismo, porque usted tiene la misericordia y la bondad siguiéndole a usted.

3. Actúe en la Palabra. Al usted meditar en la Palabra de Dios, ésta comenzará a arrojar fuera el temor. Al ser libertado del temor, usted comenzará a buscar oportunidades para actuar en su fe. Mientras más profundamente enraizado usted esté en la Palabra de Dios, más va a desear que Jesús traiga gente a su camino para que usted pueda orar por ellos y verlos levantarse otra vez.

Recuerde, la fe siempre actúa antes de ver los resultados. La fe trae los resultados; por lo tanto, debe ir primero.

4. Haga una decisión de vivir la vida de amor. Cuando vivimos la vida de amor, llegamos a ser vulnerables, pero Dios sabe eso. El Apóstol Pablo escribió en Romanos 8:36-37 que el mundo nos considera como ovejas al matadero. Sin embargo, El dijo también que *"...somos más que vencedores por medio de Aquél que nos amó."* Primera de Corintios 13:8 dice que el amor nunca deja de ser. El Señor llega a ser nuestro escudo y protección.

3
El Ministerio de Misericordia de Jesús

La misericordia de Dios es una celebración de amor. En el idioma Hebreo, la misericordia, el amor y la compasión" proceden todos de la misma palabra, por lo tanto, cuando usted dice, Dios es amor, está también diciendo, El es misericordia y compasión. Hemos tenido la idea de que Dios es solamente amor. Dios también es misericordia-la bondad que da ayuda al más indigno. El también es compasión—el deseo de llevar los problemas de otros y cargar con ellos.

La combinación de misericordia, amor y compasión forma la identidad de Dios mismo. La misericordia no es una cosa, y la compasión no es un sentimiento. Juntos, manifiestan una persona. Cuando estas tres cualidades se demostraron a sí mismas en el Hijo de Dios, ellas llegaron a ser una fuerza poderosa. En Su ministerio, Jesús expresó totalmente el carácter interior y la naturaleza de Su Padre cada vez que actuó en misericordia. El nos dió una revelación de la misericordia, el amor y la compasión **como una persona.**

Considere estas tres escrituras como la fundación para estudiar la misericordia en Su ministerio: Salmo 145:8; 2 Corintios 1:3; y Efesios 2:4.

Salmo 145:8-9 dice, *"Clemente y misericordioso es Jehová, Lento para la ira, y grande en misericordia. Bueno es Jehová para con todos, Y sus misericordias sobre todas sus obras."* El hecho que la misericordia está sobre *todas* las obras de Dios es importante. La misericordia, no la ira y el poder, motiva a Dios a actuar. Cubre cada obra que efectúa, y esa es la razón que Le motiva a actuar.

La Biblia no solamente proclama el **poder** de Dios, sino que nos da un cuadro, una revelación de Su **misericordia.** Por ejemplo, si usted fuera a comparar un padre con su hijo, sería obvio cuál de los dos es más fuerte. Pero la única manera de obtener un cuadro del **amor** que este hombre siente por su hijo, es verle en acción, ejercitando su poder de protección sobre su hijo. Es esta muestra pública de misericordia, la que nos permite ver el amor de este padre.

De acuerdo a 2 Corintios 1:3, Dios es el *"Padre de nuestro Señor Jesucristo, Padre de misericordias y Dios de toda consolación."* Si usted estudia este versículo, verá lo que el Espíritu de Dios está diciendo por medio del Apóstol Pablo. El está diciendo, *Jesucristo es misericordia y consuelo.* Apodérese de esto. Puesto simplemente, la misericordia y el consuelo expresan **Quien** es Jesús. Dios está diciendo la misma cosa cuando dice que El es el Padre de Jesús **y** el Padre de misericordia y consuelo.

El Hijo de Dios no vino a juzgarnos o enseñarnos algo a través del dolor y la aflicción. El vino en misericordia y consuelo para traernos las misericordias del Padre— salvación, liberación, sanidad y mucho más.

Efesios 2:4-6 dice, *"Pero Dios, que es rico en misericordia, por su gran amor con que nos amó, aún estando nosotros muertos en pecados, nos dió vida juntamente con Cristo (por gracia sois salvos), y juntamente con El nos resucitó, y asimismo nos hizo sentar en los lugares celestiales con Cristo Jesús."*

¡Juntamente con Cristo fuimos resucitados! La misericordia lo hizo. Nos dió vida. Podemos decir, "Cuando estábamos muertos en pecados, El nos hizo vivir juntamente con *misericordia.*" ¿Por qué? Porque Dios es amor, y cuando decimos eso, estamos también diciendo que El es misericordia y compasión. Ya que estas palabras son substitutos exactos el uno por el otro, podemos también decir que Dios "nos ha resucitado juntamente, y asimismo nos hizo sentar en los lugares celestiales en *misericordia y consuelo."*

Como co-herederos con Jesucristo, podemos sentarnos juntamente con El y participar de Su herencia. Esto significa que compartimos Su ministerio de misericordia. **Nosotros** llegamos a ser misericordia y consuelo como es El. En Su Nombre, tenemos una orden de llevar misericordia y consuelo al resto del mundo.

Si comprendemos la misericordia en esta luz, entonces podemos lograr una idea de cuán grande y poderosa es Su misericordia. A menudo hemos considerado la palabra misericordia como lástima o simpatía-algo débil. La voz de simpatía dice, "¡Oh, ojalá hubiera algo que pudiéramos hacer!" Pero la misericordia y la compasión usan fe y dicen, "Sí, hay algo que podemos hacer. Vamos a orar por ti en el Nombre de Jesús." **Ellas** actuarán. Nada es demasiado grande para ellas. La fe obra por amor, y Dios **es** amor.

La misericordia de Dios no es débil. Fue la fuerza motivadora detrás del plan de redención, que trajo a Jesús a la Tierra. En la mente de Dios, la misericordia fue la revelación que desarrolló el plan. Fue el diseño de Dios extender Su buena voluntad hacia los hombres. Gracias a la misericordia, la división entre el hombre y Dios pudo ser rota eternamente.

Cuando María y José estaban en Belén, en la noche del nacimiento de Jesús, los ángeles aparecieron a los pastores en los campos, y proclamaron la gloria de Dios. Dijeron, *"Gloria a Dios en las alturas, y en la tierra paz, buena voluntad para con los hombres"* (Lucas 2:14). Hemos interpretado esto como "buena voluntad entre los hombres." Pero el Apóstol Pablo y el Apóstol Pedro ambos dijeron que Jesús vino predicando paz, no entre los hombres, sino **entre** Dios y el hombre. Dios estaba proclamando, "Buena voluntad *para con los hombres."*

Dios envió a Jesús como un sacrificio de misericordia al mundo. El actuó en compasión cuando El envió a Jesús a la cruz. Jesús no era el que necesitaba misericordia de Dios. Eramos usted y yo. Sin embargo, el Salvador vino a este mundo, ofreciendo Su consuelo. Dijo, *"Venid a Mi, todos los gue están cargados y cansados, y Yo os haré descansar."* Y El dejó este mundo, prometiendo orar e interceder por nosotros, para que recibiéramos al Consolador. El cargó la verguenza de la Cruz por el gozo de saber que podríamos ser renacidos en el poder e imagen del Dios Todopoderoso, y recibir al Consolador, el Espíritu Santo. El sabía que podríamos entonces manifestar la misma misericordia y consuelo sobre la Tierra, como El lo había hecho. En Juan 14:12, Jesús dice, *"El que en Mi cree, las obras que Yo hago, él las hará también; y aún mayores hará, porque Yo voy al Padre."*

La compasión, misericordia, y el consuelo dirigieron todas las obras de Jesús en Su ministerio. Si la misericordia y compasión predominaron sobre las obras de Dios, también fueron predominantes sobre las obras de Jesús, porque Jesús dijo, *"...No puede el Hijo hacer nada por sí mismo, sino lo que ve hacer al Padre..."* (San Juan 5:19). Mateo 9:36 dice, *"Al ver las multitudes, (Jesús) tuvo compasión de ellas, porque estaban desamparadas y dispersas como ovejas que no tienen pastor."*

Note lo que dice. El tuvo *compasión* de ellos. La palabra "compasión" significa un anhelo profundo en su interior. No es solamente un sentimiento. Está hablando acerca de ser guiado por el Espíritu Santo, tal como está descrito en Romanos 8:26. El es compasión. Allí dice que el Espíritu Santo Se moverá dentro de nosotros *"con gemidos indecibles."*

El ser guiado por el Espíritu de Dios, por compasión desde lo profundo de su ser interior, no es un proceso mental en absoluto. Va más allá de los sentimientos y aún de decir, "Me siento guiado a hacer esto." Es donde deseamos y experimentamos el deseo del corazón de Dios.

Desde aquella área, los ríos de agua viva comienzan a fluir de su interior. En comparación a una fuente de agua viva que solamente le toca a usted, un río alcanza a todos. Fluye de su ser interior para otros. La mayoría de la gente ha experimentado una fuente, porque se pasa la mayor parte de su tiempo orando por sí mismos y sus necesidades individuales.

Jesús tenía un río de vida que fluía de El. Era sensitivo a las necesidades de la gente a través del Espíritu Santo que obraba dentro de El. El Espíritu de Dios Le guiaba a la perfecta voluntad del Padre. Jesús operaba en los dones del Espíritu para librar a la gente.

Desde lo profundo de Su Espíritu, Jesús percibía lo que el Padre quería que hiciera. El fue guiado por el movimiento y anhelo interior del Espíritu de Dios. El dijo, "Es el Padre dentro de Mí el que hace la obra." Hubieron veces en que El tuvo visiones y vió cosas en Su Espíritu. En otras ocasiones, el Espíritu Santo Se movió en lo profundo del interior de El en el área de sabiduría llamada "la palabra de conocimiento." El percibió los pensamientos de la gente o lo que estaba en sus corazones. Esto ocurrió en la tumba de Lázaro también. El gimió dentro de Sí en Su Espíritu, y luego Le dijo al Padre, **"Sé que Tú ya Me has escuchado."**

De una manera similar, tenemos la capacidad de responder a la compasión de Dios, expresándonos nosotros mismos, a través de los gemidos y exclamaciones en el Espíritu. A veces cuando yo oro, sale como gemidos. A veces veo que mientras más oro, más profundo se va a mi espíritu. Y a veces se va adentro de un área donde es difícil expresarlo en palabras.

Aún Jesús expresó y actuó sobre el anhelo íntimo de la compasión. Mateo 9:36 nota que Jesús observó que la gente era como ovejas que no tenían pastor, y El *"tuvo compasión de ellos."* Su respuesta inmediata fue de seleccionar a doce hombres que fueran a ministrar a la gente. La elección de los doce discípulos fue directamente relacionada a **Su** compasión.

Mateo 10:5 dice: *"A estos doce envió Jesús, y les dió instrucciones, diciendo: Por camino de gentiles no vayáis, y en ciudad de samaritanos no entréis, sino id antes a las ovejas perdidas de la casa de Israel. Y yendo, predicad, diciendo: El reino de los cielos se ha acercado. Sanad enfermos, limpiad leprosos, resucitad muertos, echad fuera demonios; de gracia recibisteis, dad de gracia."*

Jesús tenía una revelación de la misericordia y el consuelo de Dios, y esto Le causó desear compartirla con todos. Les dijo a Sus discípulos, "Id a predicar Y sanar a los enfermos, limpiar a los leprosos, levantar a los muertos, y echar fuera los demonios; libremente recibisteis, dad libremente." Otro pasaje dice, "Jesús, movido por compasión, fue por las ciudades y villas, enseñando y predicando." El predicar y enseñar es un acto de compasión.

Cuando usted tiene la misma revelación de la misericordia de Dios que Jesús tenía, la compasión brotará dentro de usted. El continuamente oraba, a veces ayunaba, y siempre escuchaba la voz del Espíritu Santo, andando todo el tiempo al borde de esa explosión interna de compasión. Tenemos el mismo Espíritu de compasión residiendo dentro de nosotros, deseando llevarnos al mismo nivel de estar preparados espiritualmente—siempre listos a ministrar Su amor y misericordia a través de nosotros.

En cada situación, la compasión de Dios controlaba a Jesús. Aún enfrentado por la tragedia personal, cuando Herodes decapitó a Su primo, Juan el Bautista, Jesús triunfó sobre Sus emociones. Jesús y Juan compartieron un parentesco especial que comenzó aún antes de haber nacido. La madre de Juan, Elizabet, y la madre de Jesús, María, pasaron parte de sus embarazos juntas, profetizándose mutuamente.

Por lo tanto, cuando Jesús oyó de la muerte de Juan, dice en Mateo 14:13-14 que El *"Se apartó de alli en una barca a un lugar desierto y apartado."* Jesús quería alejarse de aquella gente e irse a un lugar aislado, un lugar para orar. Pero dice, *"Cuando la gente lo oyó, Le siguió a pie desde las ciudades. Y saliendo Jesús, vió una gran multitud, y* ***tuvo compasión*** *de ellos, y sanó a los que de ellos estaban enfermos."*

Aún enfrentado por la tragedia personal, la compasión movió a Jesús a actuar y solucionar las necesidades de la gente. Después que terminó de predicar, El llamó a los miembros de Su propio equipo para darle a la gente algo de comer. El sabía que la gente estaba tan hambrienta que se desmayarían si El les decía que se fueran. Todo lo que tenían disponible eran unos cuantos pescados y trozos de pan. Sin embargo, El mandó a Sus discípulos que le trajeran la comida, e instruyó a la multitud que se sentara. En Su compasión, bendijo la comida, multiplicándola para que hubiera más de lo que ellos pudieran comer.

La naturaleza de la compasión es de darle a usted parte de lo que posee. Así es como la compasión obra. **A pesar de Sus circunstancias personales, Jesús oró y ministró a la gente todo el día, y luego proveyó para su mantenimiento físico.**

Después que esto hubo tomado lugar, dice en Mateo 14: 22, *"En seguida Jesús hizo a Sus discípulos entrar en la barca e ir delante de él a la otra ribera, entre tanto que él despedía a la multitud."* Jesús tenía una razón en Su corazón al decirles que se fueran. Estoy convencido que el Espíritu de Dios Le guió, en medio de ministrar a la gente, para ir al otro lado del lago donde más ministerio Le esperaba— más personas enfermas y desesperadas, que necesitaban ayuda. La compasión todavía estaba guiándole.

Jesús envió a los discípulos al otro lado del lago y pasó la noche en oración. Mateo 14:23-28 narra el resto de la historia. Dice: *"Despedida la multitud, subió al monte a orar aparte; y cuando llegó la noche, estaba allí solo. Y ya la barca estaba en medio del mar, azotada por las olas; porque el viento era contrario. Mas a la cuarta vigilia de la noche, Jesús vino a ellos andando sobre el mar."*

Su compasión por ellos inspiró este milagro. El Espíritu de compasión, el Espíritu Santo, Le reveló que ellos estaban en problemas. Luego, Le dió a Jesús la habilidad de caminar sobre el agua para salvarlos. *Y los discípulos, viéndole andar sobre el mar, se turbaron, diciendo: ¡Un fantasma! Y dieron voces de miedo. Pero en seguida Jesús les habló, diciendo: ¡Tened ánimo! Yo soy; no temáis. Entonces Le respondió Pedro, y dijo: Señor, si eres Tú, manda que yo vaya a Ti sobre las aguas.*

Debido a que Pedro acorraló a Jesús diciendo, **"Si eres Tú,"** Jesús no podía responder a Pedro de otra manera excepto diciéndole, *"Ven."* Jesús sabía que Pedro no tenía el nivel de fe lo suficiente como para andar sobre el agua, pero no amonestó a Pedro por salir con tan poca fe que tenía.

Nunca salga contra la fe de alguien, aunque no crea que ellos son lo suficientemente fuerte. Vaya y ayúdelos. Eso es lo que Jesús hizo. El estaba gobernado por la misericordia y la compasión, en lugar del legalismo, las reglas y el temor. Si El hubiera tenido temor que Pedro se iba a ahogar, El mismo hubiera comenzado a hundirse.

Pedro anduvo sobre el agua basado en la palabra de Jesús, *"Ven."* Mientras mantuvo sus ojos en Jesús, él lo consiguió. Pero cuando comenzó a mirar el viento, se asustó y empezó a hundirse.

Al comenzar a hundirse, Pedro gritó, *"Señor, sálvame,"* y la Biblia dice, *"Al momento Jesús, extendiendo la mano, asió de él, y le dijo: ¡Hombre de poca fe! ¿Por qué dudaste?"* Luego dice,

> **Y cuando ellos subieron en la barca, se calmó el viento. Entonces los que estaban en la barca vinieron y le adoraron, diciendo: Verdaderamente eres Hijo de Dios. Y terminada la travesía, vinieron a tierra de Genesaret. Cuando le conocieron los hombres de aquel lugar, enviaron noticia por toda aquella tierra alrededor, y trajeron a él todos los enfermos; y le rogaban que les dejase tocar solamente el borde de su manto; y todos los que lo tocaron quedaron sanos.**

Todo esto tomó lugar porque Jesús fue movido por compasión en el desierto.

En la vida de Jesús, la compasión tomó una prioridad más alta que cualquier otra cosa. Hizo que El continuamente tratara de alcanzar a otros y responder a su necesidad. Mateo 20:30 es un buen ejemplo de esto. Dice:

> **Y dos ciegos que estaban sentados junto al camino, cuando oyeron que Jesús pasaba, clamaron, diciendo: ¡Señor, Hijo de David, ten misericordia de nosotros! Y la gente les reprendió para que callasen; pero ellos clamaban más, diciendo: ¡Señor, Hijo de David, ten misericordia de nosotros! Y deteniéndose Jesús, los llamó, y les dijo: ¿Qué queréis que os haga? Ellos Le dijeron: Señor, que sean abiertos nuestros ojos. Entonces Jesús, compadecido, les tocó los ojos, y en seguida recibieron la vista; y Le siguieron.**

Jesús tuvo compasión **de** ellos, no solamente **por** ellos. Los dos ciegos habían captado el hecho que la misericordia haría el trabajo. Ellos dijeron, "Ten misericordia," y Jesús fue movido por compasión. El poder de Su misericordia fue emitido y les trajo la vista.

La compasión y misericordia de Jesús operaron como una fuerza contra la enfermedad y la dolencia. Una buena ilustración de esto está en Marcos 1:40-42, cuando un leproso vino a Jesús y Le pidió hacerlo limpio. Verso 41 dice, *"Y Jesús, teniendo misericordia de él, extendió la mano y le tocó, y le dijo: Quiero, sé limpio."* Tan pronto como Jesús hubo hablado, la lepra inmediatamente se apartó de él, y él fue limpio.

No dice, "Inmediatamente él fue sanado." Dice, "Inmediatamente *la lepra* se apartó," indicando que el espíritu que animaba la enfermedad le dejó. Cuando eso ocurrió, el cuerpo del hombre obtuvo su salud. La fuerza que arrojó la lepra de allí fue la compasión de Dios, emitida en las palabras que Jesús habló, y por Sus manos.

La misericordia de Dios gobernaba a Jesús en cada situación. Después que sanó al leproso, Jesús le instruyó no decir nada a nadie acerca de su sanidad, sino que sólo se mostrara al sacerdote. Pero en Marcos 1:45 a Marcos 2:1 dice que este hombre salió, *"Y comenzó a publicarlo mucho y a divulgar el hecho, de manera que ya Jesús no podiá entrar abiertamente en la ciudad, sino que se quedaba fuera en los lugares desiertos; y venían a El de todas partes. Entró Jesús otra vez en Capernaum...."*

El leproso salió y revolucionó todos los alrededores, hasta tal punto que Jesús tuvo que alejarse hasta Capernaum. El atrajo la atención a esta sanidad, hasta que hubo tanta gente, que Jesús no pudo siquiera ministrar a todos ellos.

Jesús fue a Capernaum. Las multitudes Le siguieron allí tal como ocurrió en el desierto. Dice Marcos 2, *"Entró Jesús otra vez en Capernaum después de algunos días; y se oyó que estaba en casa. E inmediatamente se juntaron muchos, de manera que ya no cabían ni aún a la puerta; y les predicaba la Palabra.* Luego dice, *Entonces vinieron a El unos trayendo un paralítico, que era cargado por cuatro. Y como no podían acercarse a El a causa de la multitud, descubrieron el techo de donde estaba...".*

Cuando Jesús vio su fe, dijo, "*Tus pecados te son perdonados.*" ¡Qué declaración de misericordia! No hizo caso del hecho que rompieron el techo. Por medio de la misericordia,

El vio su fe. Por medio de la misericordia y perdón, ministró sanidad y liberación.

4
Poseyendo la Misericordia de Dios

En la mayoría de los círculos religiosos, nos hemos especializado en las cosas de menor importancia, y hemos disminuido lo importante. Hemos magnificado el enojo de Dios y hemos aminorado Su misericordia. Pero Salmo 30:5 dice, **"Un momento será Su ira"**, y Salmo 136 dice, **"Para siempre es Su misericordia."**

Hay otras áreas donde también hemos captado la perspectiva equivocada. Al acentuar el cuerpo y disminuir el espíritu, hemos puesto el énfasis equivocado sobre el ambiente físico. La verdad es que la existencia del ambiente espiritual es tan real, como la existencia del ambiente natural. Cuando nacimos de nuevo, nacimos en el espíritu. Hemos tratado de obtener las cosas de Dios que vayan desde afuera hacia adentro, en lugar de la otra dirección. Necesitamos sacarlo de dentro hacia afuera, y dejar que lo que nació del espíritu salga a luz.

La sanidad es un buen ejemplo de esto. Viene desde el interior, del espíritu del hombre, hacia el cuerpo. Hemos deseado tener la sanidad esparcida sobre nosotros como un unguento. Hemos tratado de tener un tratamiento por medio de oraciones, esperando recibir sanidad tal como cuando nos ponemos un bálsamo.

Mucha gente pasa un tiempo muy difícil tratando de recibir de Dios, porque adoptan la sanidad de esta manera. Han tenido muy poco entendimiento de la diferencia entre el ambiente espiritual y el ambiente físico. Han fallado de entender lo que Jesús le dijo a Nicodemo en Juan 3:6. Le dijo, *"Lo que es nacido de la carne, carne es; y lo que es nacido del Espíritu, espíritu es."* La carne representa el ambiente natural o físico, el cual es percibido por los cinco sentidos físicos. En contraste, el ambiente espiritual es más real de lo que vemos, oímos, sentimos o saboreamos.

Debemos comprender que Dios, un Espíritu, creó el ambiente natural. Esto hace que el mundo espiritual, el ambiente del Creador, tenga autoridad sobre lo natural. Por lo tanto, sería absurdo considerar que la creación es más poderosa que el Creador.

Cuando confesamos a Jesús como Señor, nuestros espíritus nacen de nuevo—Efesios dice que somos creados en justicia y verdadera santidad. Somos hechos a la imagen de Dios. Usted es un espíritu. Tiene un alma. Vive en un cuerpo. Para adorar a Dios, usted debe entrar en el ambiente espiritual. Jesús dijo que aquellos que Le adoran a El deben adorarle "en espíritu y en verdad."

Muchas personas no entienden que son seres compuestos de tres partes—espíritu, alma y cuerpo. Hemos sido tan conscientes de lo natural que hemos asumido que nuestro cuerpo físico es nuestra verdadera identidad, pero no es así. Sólo es nuestro vestuario para la Tierra. Una buena ilustración de esto es mi chaqueta. Yo soy la vida de mi chaqueta. Cuando me muevo, la chaqueta se mueve. Si me muriera, sería tal como si yo tirara mi chaqueta al suelo, porque el morir es simplemente el poner al lado el cuerpo natural.

Lo que estoy diciendo es que nos hemos especializado en las cosas de menor importancia, lo cual es el ambiente natural. Nos perturbamos sobre lo que vamos a vestir, lo que vamos a comer y lo que nos va a ocurrir. Aún el clero ha enfatizado lo que no es importante. Ellos han pasado mucho tiempo predicando a las mujeres sobre como se deben vestir. La Biblia dice **"que un corazón contrito y humillado"** es importante, y no la decoración del pelo, el usar joyas de oro, o los trajes que vistan.

El punto sin trascendencia es cómo se visten las mujeres. Dios realmente estaba hablando acerca de la actitud espiritual de la mujer, y si ella estaba tratando de llamar atención a sí misma, a través de su vestido. Una mujer que tiene un espíritu contrito y humillado, vendrá a la iglesia a adorar a Dios y a ayudar a otros. No va a tratar de lucir las últimas modas.

Es verdad que algunas mujeres se visten para llamar la atención debido al orgullo. Pero si usted se concentra en el Espíritu, va a solucionar este problema con Dios, y va a comenzar a vestirse para agradarle a El. De igual modo, si usted hace lo mismo con la misericordia y la enfatiza, entonces eso del castigo de Dios se arreglará por sí mismo. En resumen, si usted se concentra en la calidad de la vida que su espíritu está viviendo, no tendrá problemas con su cuerpo.

Conozco a personas que vienen a las reuniones donde predico, y se pasan todo el tiempo criticando lo que me he puesto, y se pierden lo que les estoy diciendo. No estoy diciendo que usted no debe vestirse bien. Pienso que usted debe representar a Cristo Jesús de una forma correcta, vistiéndose de la mejor manera posible. Si usted es fiel sobre poco, El le pondrá sobre mucho más. Sin embargo, debemos poner nuestro énfasis en los lugares correctos. Muchas veces, hemos hecho lo opuesto.

Otro asunto secundario que hemos engrandecido es el sacrificio. Parece que todos han querido sacrificar algo para Dios. Dios desea misericordia en lugar de sacrificio. La misericordia es lo más importante. La misericordia es cuando usted da algo a alguien de corazón, porque le ama, y desea verlos que prosperen.

Por favor, no me malentienda. El sacrificio es necesario en la vida del cristiano obediente, y necesita ser estudiado. Si usted aprende misericordia mientras está aprendiendo cómo sacrificarse, entonces su sacrificio tendrá valor. El Apóstol Pablo dijo, *"Si repartiese todos mis bienes para dar de comer a los pobres, y si entregase mi cuerpo para ser quemado, y no tengo amor, de nada me sirve."* Por lo cual, si usted se especializa en el sacrificio sin la misericordia, no le hace ningún beneficio. Usted no ha impresionado a Dios.

Cuando usted da por un motivo de misericordia, ésta comienza a fluir hacia usted. Mientras yo comienzo a dar, otros comienzan a darme a mí. Mientras más doy, más recibo y vice versa. Luego esto llega a ser un ciclo continuo de alcanzar a otros. Esta es la forma como la misericordia opera.

Respuestas Espirituales Contra Problemas Naturales

El cuerpo de Cristo necesita especializarse en misericordia. Es lo que nos da la perspectiva espiritual adecuada de lo secundario. Debemos ver que los problemas del ambiente natural y físico no pueden ser resueltos con soluciones simplemente del ambiente natural. Se necesita una respuesta **espiritual** para solucionar un problema **natural.**

Sin embargo, el tratar de solucionar un problema espiritual con una respuesta natural es aún más imposible. No podemos arrojar fuera demonios con aspirinas. La respuesta natural no funcionará, aún así, esto es lo que ha estado ocurriendo en las iglesias muy frecuentemente. Hemos reunido comités para solucionar los problemas espirituales y lidiado con ellos en el ambiente natural. Les hemos pedido a las personas que interrumpen mucho los cultos, que se vayan de la iglesia, en lugar de formar un grupo de oración intercesora e interceder por ellos.

También hemos atacado al cáncer de la manera equivocada. Lo hemos atacado como que fuera algo del ambiente natural. Hemos fallado de comprender que todas las enfermedades no tienen el mismo nivel espiritual. Algunas dolencias son más naturales que otras, pero el cáncer no es natural, como tampoco lo es la artritis o la lepra. La amargura es la causa de todas ellas. El cáncer es una enfermedad que viene de un origen espiritual, el cual no es de Dios.

Por lo tanto, en lo que a curar el cáncer y otros tales problemas espirituales se refiere, no estamos limitados a los medios naturales. Podemos atacar el espíritu que los está causando, con la misericordia y compasión de Dios. En el poder de Dios, podemos mantenernos en el Nombre de Jesús y Su sangre redentora. Podemos tomar Su Palabra y arrojar fuera a aquel espíritu.

Debemos aprender a no ser gobernados por los detalles menores en el ambiente natural. El evangelista Smith Wigglesworth dijo, “No soy movido por lo que siento y no soy movido por lo que veo; soy movido por lo que creo.” Y yo quiero añadir esto: "Creo la Palabra de Dios, y con la Palabra de Dios, puedo cambiar la forma como me siento y lo que veo. Esta es la perspectiva adecuada."

El ministerio de Jesús es nuestro ejemplo de cómo la misericordia opera. Su ministerio fue uno de misericordia y consuelo. El mismo dijo, **"No he venido a destruir la ley; vine a cumplirla."** Y El lo hizo, extendiendo Su misericordia hacia nosotros. La Iglesia no siempre ha reconocido la misericordia de Dios. Han estado acercándose a Dios como que El *puede* sanarles, pero no están seguros que El *los* sanará.

¿Qué pensaría usted si es que acaso su hijo viene a usted y dice, "Papá, quiero ir al colegio y sé que puedes ayudarme, pero no estoy seguro si lo harás o no"? Es un insulto más grande para él decir eso, a decir esto otro: "Papá, sé que me amas, y sé que me ayudarías si pudieras. No estoy seguro si es que acaso puedes hacerlo ahora o no."

No tenemos que acercarnos a Dios así. No tenemos que preguntarnos si es que acaso es Su voluntad respecto a la salvación, sanidad o prosperidad. Ya tenemos Su voluntad escrita en la Palabra de Dios para que lo sepamos.

Salvación Gracias a la Misericordia

Una de las cosas que Dios quiere que sepamos, es que la salvación surge de Su misericordia. Nuestra redención fue concebida, desarrollada y traída a operación, por medio de una mente de misericordia. Una mente de ira nunca hubiese provisto redención. Nos hubiera destruído y desbaratado toda la creación, pero Dios no estaba dispuesto a destruir a ninguno de nosotros. Si El hubiera destruído a Satanás, de acuerdo a la ley espiritual, también hubiera tenido que destruir a todos los seguidores de Satanás. La muerte hubiera fluido del diablo a *todos* los que le servían. Y desafortunadamente, el diablo es dios sobre un montón de personas.

Jesús vino al nivel de Satanás (donde estábamos nosotros) para poder traernos la redención de la autoridad de Satanás. Tuvo que venir a nosotros. Cuando Adán dobló su rodilla a un espíritu extraño, él hizo a Satanás su dios y le dió su corona. Adán se sometió a Satanás.

Efesios 2:1-5 dice:

Y El os dió vida a vosotros, cuando estábais muertos en vuestros delitos y pecados, en los cuales anduvisteis en otro tiempo, siguiendo la corriente de este mundo, conforme al príncipe de la potestad del aire, el espíritu que ahora opera en los hijos de desobediencia, entre los cuales también todos nosotros vivimos en otro tiempo en los deseos de nuestra carne, haciendo la voluntad de la carne y de los pensamientos, y éramos por naturaleza hijos de ira, lo mismo que los demás. Pero Dios, que es rico en misericordia, por su gran amor con que nos amó, aún estando nosotros muertos en pecados, nos dió vida juntamente con Cristo [por gracia sois salvos].

Fue por medio del amor y misericordia de Dios que la salvación nació.

Luego, en Tito 3:3-5 dice, *"Porque nosotros también éramos en otro tiempo insensatos, rebeldes, extraviados, esclavos de concupiscencias y deleites diversos, viviendo en malicia y envidia, aborrecibles, y aborreciéndonos unos a otros. Pero cuando se manifestó la bondad de Dios nuestro Salvador, y su amor para con los hombres, nos salvó, no por obras de justicia que nosotros hubiéramos hecho, sino por su misericordia, por el lavamiento de la regeneración y por la renovación en el Espíritu Santo."*

La palabra "amor" de Dios en este pasaje a veces es traducida "lástima." Esta es una mala substitución. Debería ser correctamente traducida "misericordia" como en otros lugares. El pensamiento aquí debe ser que, tal como la salvación es un acto de misericordia, así también es el bautismo en el Espíritu Santo. Jesús vino a nosotros como misericordia y consuelo. El también oró y pidió al Padre que nos enviara el Consolador, el Cual tiene el mismo ministerio de misericordia para nosotros que El tenía.

Cuando una persona hace a Jesús el Señor de su vida, el Espíritu Santo cambia la naturaleza humana de la persona en su interior. Entonces, a través de la obra del Espíritu, el hombre exterior comienza a cambiar. Romanos 12:2 nos dice que no debemos ser conformados al mundo, sino transformados por la renovación de nuestras mentes. El Espíritu Santo nos revela la Palabra de Dios, y si somos obedientes a Su Palabra, nuestros hábitos y comportamiento cambian. El hombre exterior no cambia de la noche a la mañana. Este cambio es un proceso—El Espíritu Santo le conforma a la imagen del Hijo, Jesús.

Usé esta ilustración una vez, acerca de las mulas, para explicar cómo Dios cambia nuestra naturaleza interna. Dije, "Usted puede tomar una mula y criarla en un establo con los fina sangre. Puede darle a la mula la misma comida y tratamiento que le da a aquellos caballos de fina sangre. Aún le puede hacer cirugía plástica en sus orejas y hacerle que se vea bastante bien. Pero cuando lleva a esa mula al punto de partida y suena la campana, la mula no le dejará ninguna duda que es una mula. Se quedará atrás. ¿Por qué? Porque no es una mula en las afueras; es una mula en su interior."

Dios, en Su misericordia, sabía que no había nada que usted pudiera hacer acerca de la basura que estaba en el interior suyo. Por lo tanto, en lugar de pedirle a usted que se limpiara a sí mismo, El le pidió que Le recibiera en su interior y Le dejara a El limpiarle. Fue Su misericordia que fue colgada en la cruz Y le envió el Espíritu Santo para que fuera su Consolador.

Misericordia Reemplaza Juicio

Una vez que hemos sido hechos nuevos en el interior, tenemos la responsabilidad de aprender, estudiar, y mantenernos alejados de la inmundicia; pero cuando caemos, si nos arrepentimos de nuestro pecado, Dios nos limpia. Cuando merecemos juicio, Dios nos da misericordia. La Palabra dice en Corintios, *"Si, pues, nos examinásemos a nosotros mismos, no seríamos juzgados."* Dios nos juzgará en misericordia y no con el mundo. El es misericordioso para con aquellos que se examinan a sí mismos.

La mayoría de las veces, soy más duro conmigo mismo que lo que El es. Al juzgarnos, necesitamos recordar perdonarnos a nosotros mismos, y andar en el perdón que Dios nos da. La Biblia dice, Ama a tu prójimo como a ti mismo. Si es que acaso nos sobrepasamos en juzgarnos a nosotros mismos, no vamos a poder amar a nuestros vecinos porque no vamos a poder amarnos a nosotros mismos.

Dios nos envió misericordia, y no juicio, en la forma de Jesús. Nació en el mundo, murió en la cruz y renació de los muertos por la misericordia de Dios. La Primera epístola a Timoteo 1:14-15 dice, *"Pero la gracia de nuestro Señor fue más abundante con la fe y el amor que es en Cristo Jesús. Palabra fiel y digna de ser recibida por todos: que Cristo Jesús vino al mundo para salvar a los pecadores, de los cuales yo soy el primero."* El Apóstol Pablo estaba hablando acerca de sí mismo como el más pecador de todos. El quiso decir que la salvación era extendida a cada ser humano sobre la Tierra, a través de la abundante misericordia de Dios. El mensaje es verdadero para *todos,* y sobre esa base merece ser aceptado por ellos.

Recibiendo Misericordia

No importa lo que usted haya hecho. Está bien decir que Cristo Jesús vino a salvar a los pecadores. El no vino a salvar a los justos. No había ninguno. La Biblia dice que Jesús murió por los impíos. Le corresponde a usted recibir la misericordia de Dios, sin embargo, el que esté disponible y el que usted la acepte son dos cosas diferentes.

La salvación está aquí para que nosotros la tomemos, pero podemos rechazarla todo el día si queremos. Si hacemos esto, la misericordia de Dios no nos servirá de nada.

Pablo quería animarnos a que nos apropiáramos de la misericordia. El estaba escribiendo para decirnos, que las grandes cosas que él había experimentado no le ocurrieron a él porque era un apóstol. Le ocurrieron porque era un creyente. El dijo,

"Pero por esto fui recibido a misericordia, para que Jesucristo mostrase en mí el primero, toda Su clemencia, para ejemplo de los que habrían de creer en él para vida eterna." Pablo llegó a ser un ejemplo de la misericordia de Dios para que nosotros imitemos. La mayoría de nosotros llegamos a conocer al Señor Jesucristo, ya sea directa o indirectamente a través de su ministerio, porque él escribió dos terceras partes del Nuevo Testamento.

El Apóstol Pedro, como Pablo, deseaba dirigir la atención lejos de sí mismo y al hecho de que él había hablado y caminado con Jesús por tres años y medio. El quería que la gente se diera cuenta de la verdadera base para él recibir la misericordia y el poder de hacer milagros. Cuando sanó a un cojo, le dijo a la gente a su alrededor, "¿Por qué ponéis los ojos en nosotros, como si por nuestro poder o piedad hubiésemos hecho andar a éste? La fe que es por El [Jesús] ha dado a éste esta completa sanidad en presencia de todos vosotros".

Una vez conocí a un anciano muy reposado que era diácono de una iglesia. Su nombre era el Hermano Steel. Un día él llegó unos minutos tarde a la iglesia. Descubrí que él había estado pescando esa tarde y había sido mordido por una serpiente mocasín venenosa. El se levantó la pierna del pantalón y mostró donde la serpiente le había mordido. Le pregunté a él qué es lo que había hecho. El dijo, "Estiré mi mano, la agarré, y le dije, 'Te voy a decir una cosa. En el Nombre de Jesús, la Biblia dice que si una serpiente te mordiere, no te va a hacer daño. De modo que no me vas a hacer daño.' Y la arrojé lejos de mí." Luego dijo, "No me sentí muy bien. Por eso llegué un poquito tarde a la iglesia."

Este hombre simplemente creyó la Biblia. Como Pablo, él obtuvo misericordia, porque sin la misericordia de Dios, no hay nadie que puede agarrar una serpiente venenosa con la mano, maldecirla en el Nombre de Jesús y arrojarla lejos. Este hombre hizo lo que la Biblia nos ordena hacer, y eso es tener fe en el Nombre de Jesús.

Debemos primero obtener misericordia antes de poder imitar a Pablo. Cuando Pablo nació de nuevo, la misericordia de Dios entró dentro de él y le trajo una revelación que yo puedo ver. Su testimonio es un testigo a la misericordia de Dios. En la Biblia, lo vemos primero como un asesino. Luego lo vemos como un predicador del Evangelio. Como predicador, él fue apaleado con garrotes, azotado con látigos 40 veces en tres ocasiones, arrojado en prisiones y naufragado dos veces. Experimentó los peligros entre sus compatriotas y luchó contra bestias salvajes, el pasó por todo esto para poder llevar la Palabra de Dios a alguien, y así libertar a alguien.

Una Fuerza Espiritual

De Pablo, podemos ver que la misericordia no es solamente el modelo que debemos seguir; es también una fuerza espiritual. En el nuevo nacimiento, el Espíritu Santo nos imparte lo que la Biblia llama vida eterna. En griego, esta palabra se llama "vida zoe", o la vida de Dios. "Zoe" es el elemento que hace a Dios, Dios. Es eterno porque usted no puede matarlo o detenerlo.

Jesús dijo, "Yo he venido para que tengan 'zoe', y que la tengan en abundancia." Somos para siempre, como Dios es para siempre, porque tenemos esa substancia de vida "zoe" dentro de nosotros.

El recibir la vida eterna no es la misma cosa que el vivir para siempre. Usted fue creado un espíritu, y un espíritu nunca deja de existir. Para un espíritu, la muerte es el estar separado de la vida de Dios. Usted existirá para siempre, ya sea que sirva al diablo o sirva a Dios.

En la segunda resurrección, las tumbas darán los cuerpos de cada persona que murió sin el Hijo de Dios. Aquellos que murieron sin obtener la vida enterna de Dios. Manifestarán para siempre la presencia de la enfermedad, malestar y muerte como lo hicieron en esta vida.

Cuando alguien pierde su alma, pierde control de ella. Una persona que se va al infierno no se va allí vacío. Tiene una mejor memoria y consciencia que la que tenía cuando estaba en este cuerpo. Considere el hombre rico que murió y fue al infierno. El alzó sus ojos y dijo, "Padre Abraham." No solamente reconoció a Abraham, sino que conoció a sus hermanos y Lázaro el mendigo. El dijo, "Envía a Lazaro aquí con agua para poner en mi lengua." **El era más inteligente en el espíritu después que murió, que antes.**

Una vez Dios abrió mis ojos, y me permitió ver a lo que se parecen los espíritus de la gente cuando no están atados a sus cuerpos físicos. Ví a buenos cristianos con espíritus no desarrollados que se veían horribles. Ellos tenían grandes cabezas porque se habían desarrollado mentalmente, y cuerpos espirituales pequeños, larguiruchos y huesudos por la carencia de alimento espiritual. Esta gente se había alimentado en religión, el desperdicio del ambiente espiritual. Esto había arruinado sus cuerpos.

Si un boxeador puede trabajar por meses y meses para poder entrar al *cuadrilátero* por quince *rondas,* ¿qué es lo que un creyente debe poder hacer por Jesús para obtener una corona de gloria? Todos los cristianos tienen un tremendo potencial dentro de ellos. Dentro del espíritu humano está "zoe", la vida de Dios. "Zoe" contiene nueve substancias únicas que la Biblia llama "el fruto del Espíritu." Este fruto incluye: amor, gozo, paz, paciencia, benignidad, bondad, fe, mansedumbre y templanza.

La Biblia considera estas cualidades como frutos, porque continuamente crecen y producen. Pero también pueden ser comparados a los explosivos, porque sólo pueden soltar su tremendo poder cuando son encendidos.

Por ejemplo, la Biblia dice que la FE moverá montañas y arrojará cosas al mar. Pero NOSOTROS podemos llevar fe para siempre y nunca mover una montaña. Para ver el poder de la fe, usted tiene que encenderlo como lo hace con un cartucho de dinamita. El fusible que enciende este poder es la Palabra hablada del Dios viviente.

Esto no significa que ignoramos las circunstancias negativas cuando hablamos Su Palabra. Significa que no vivimos por ellas. Estamos decidiendo, por lo que decimos, el tipo de fuerza que soltamos. Podemos soltar las fuerzas del reino del infierno con todos sus demonios, o podemos soltar las fuerzas del reino de Dios con todos sus ejércitos angelicales. Ambos lados están allí esperando para ver lo que usted va a decir. En un sentido, somos como un rey que está en la corte. Porque somos hechos a la semejanza de Jesús, nuestras palabras tienen autoridad como las Suyas. Nuestras palabras son el factor determinante. Lo que decimos es lo que obtenemos.

Encendiendo el Poder de la Misericordia

Las palabras que hablamos de nuestra boca son importantes. ¡El mantenernos firmes en nuestra confesión de la Palabra viviente *encenderá* la misericordia de Dios! Hebreos 4:12-15 dice:

> **Porque la Palabra de Dios es viva y eficaz, y más cortante que toda espada de dos filos; y penetra hasta partir el alma y el espíritu, las coyunturas y los tuétanos, y discierne los pensamientos y las intenciones del corazón. Y no hay cosa creada que no sea manifiesta en su presencia; antes bien todas las cosas están desnudas y abiertas a los ojos de aquel a quien tenemos que dar cuenta. Por tanto, teniendo un gran sumo sacerdote que traspasó los cielos, Jesús el Hijo de Dios, retengamos nuestra profesión.**

Debemos mantenernos firmes en la confesión basada en la Palabra de Dios. Lo podemos hacer porque nuestro Sumo Sacerdote ya ha sido tocado con los "sentimientos de nuestras debilidades." El *"fue tentado en todo según nuestra semejanza, pero sin pecado."* Sobre esa base, debemos venir confiadamente frente al trono de gracia. Como dice el verso 16, podemos venir aquí y "obtener misericordia" a través de la misericordia de nuestro Sumo Sacerdote, Jesús. Pero si nos aferramos a confesiones de lo mal que nos sentimos y no nos aferramos a la misericordia, no estamos encendiendo la dinamita. Encendimos otra fuerza que no intentábamos que explotara. Las palabras equivocadas le dan poder al diablo, poder que no le pertenece legítimamente. Es como el tomar un explosivo y darle a él, el fósforo. Cuando confesamos enfermedad y malestar, le permitimos que nos destruya con nuestros propios cañones.

La ley espiritual de la Palabra de Dios está en Marcos 11: 23, donde Jesús dijo, *"Cualquiera que dijere a este monte: Quítate y échate en el mar, y no dudare en su corazón, sino creyere que será hecho lo que dice, lo que diga le será hecho."* Esa ley obra también en el área negativa del mismo modo como en el lado positivo. Si Satanás tuviera poder no tendría que usar decepción. El simplemente nos mataría. Pero ya que él no tiene poder, nos engaña, mintiéndonos a nosotros. El trata de obrar y ponernos en un área donde haremos una confesión equivocada. Si él logra que nosotros digamos, "Oh, estoy tan aburrido," "Oh, me siento como que no valgo nada," "Oh, yo nunca voy a poder vencer," "Oh, Dios, estoy tan cansado y aburrido," él sabe que podemos obtener todo lo que digamos.

Recibiendo la Fidelidad

Jesús vino como misericordia. Pablo captó la revelación de la misericordia y puso el ejemplo para que nosotros siguiésemos sus pasos. Por lo tanto, si usted está teniendo problemas en mantener su confesión de fe, necesita apropiarse de la misericordia. El obtener misericordia nos permitirá ser fieles a Dios. Pablo ilustró esto en I Corintios 7:25. Al tratar con asuntos familiares de la iglesia, él dijo, *"En cuanto a las vírgenes no tengo mandamiento del Señor; mas doy mi parecer, como quien ha alcanzado misericordia del Señor para ser fiel."* Fue la revelación de la misericordia que le causó a Pablo ser fiel a Dios. Fue como si el hubiera dicho, "Nunca he recibido mandamiento de Dios sobre esto, pero soy lo suficientemente fiel a Dios, y El es lo suficientemente fiel a mí, que sé lo que El piensa acerca de esto, y voy a compartirlo con ustedes." Pablo sabía que el obtener la misericordia de Dios guardaría a los hombres de desmayar, y que preservaría su fe.

El apóstol Pedro aceptó lo que Paul dijo acerca de las Escrituras y continuó en el mismo pensamiento, cuando escribió 2 Corintios 4. Verso 1 dice, *"Por lo cual, teniendo nosotros este ministerio* ***según la misericordia que hemos recibido,*** *no desmayamos. Antes bien renunciamos a lo oculto y vergonzoso, no andando con astucia, ni adulterando la Palabra* *de Dios, sino por la manifestación de la verdad recomendándonos a toda conciencia humana delante de Dios..."*

¿Se ha desmayado usted alguna vez en la mitad de su confesión de fe y dicho, "¡Santo cielo! No puedo aguantarme más. No creo que pueda mantenerme aquí. He estado confesando esto por semanas y semanas. ¿Por cuánto tiempo más deberé hacerlo?" Si usted ha llegado a ese lugar, recuerde a los antiguos santos de Dios en Hebreo 11 que confesaron la Palabra de Dios todas sus vidas, y nunca vieron el cumplimiento de lo que ellos decían.

Entre los hijos de Israel, Josué y Caleb hicieron una confesión de fe, y fueron los únicos dos que la vieron cumplida. Ellos se mantuvieron firmes a la confesión, "¡Podemos conquistar la tierra!" por cuarenta años, hasta que ambos tenían ochenta años de edad. Entonces Caleb le dijo a Josué, que era su guía espiritual, "Dáme aquella montaña. Yo voy a tomar esa tierra." Su confesión se había mantenido invariable.

Caleb sabía de la fidelidad y misericordia de Dios. Le motivaba a acercarse más a Dios en lugar de alejarse de El. El estaba convencido que su Dios era capaz de hacerlo. Cuando una persona como Caleb tiene una revelación de misericordia y la obtiene por sí mismo, él comenzará a hablar de esto en fe. Eso es cuando la misericordia comienza a explotar y se manifiesta a sí misma exteriormente.

Todo se resume a esto: El plan original de Dios era que el hombre viviera en comunión estrecha con El. Pero después que Adán pecó, esto no fue posible. Dios sólo pudo tratar con el hombre a una cierta distancia. La comunión fue imposible.

Sin embargo, el Padre tuvo misericordia por el hombre y envió a Su único Hijo, para que fuera nuestro Salvador y Redentor. A través de Su muerte y resurrección, El nos restauró a nuestra posición inicial en el plan original de Dios: un lugar de comunión con el Padre.

Como coherederos por el poder salvador de Cristo, tenemos derecho a la misericordia de Dios y a *todo* lo que ésto implica. Por lo tanto, aprovéchese de este regalo de Dios. Encienda el poder de la misericordia en su vida, al pasar tiempo en oración y comunión con el Padre. Estudie Su Palabra. Agarre las promesas que se encuentran en Su Palabra, y por fe, hable la respuesta a sus necesidades. Confiese y crea en Su poder. Si usted hace estas cosas, la misericordia de Dios se manifestará continuamente en su vida, porque **¡para siempre es Su misericordia!**

Oración por la salvación y por el bautismo del Espíritu Santo

Padre Celestial, me acerco a Ti en el Nombre de Jesús. Dice Tu Palabra: "Todo aquel que invocare el nombre del Señor, será salvo" (Hechos 2:21). Te invoco. Oro y ruego a Jesús que entre en mi corazón y que sea Señor de mi vida conforme a Romanos 10:9-10. "Que si confesares con tu boca que Jesús es el Señor, y creyeres en tu corazón que Dios le levantó de los muertos, serás salvo. Porque con el corazón se cree para justicia, pero con la boca se confiesa para salvación." Lo hago ya. Confieso que Jesús es el Señor y creo en mi corazón que Dios Le levantó de los muertos.

¡Ahora he renacido! ¡Soy un cristiano—un hijo del Dios Todopoderoso! ¡Soy salvo! Dijiste también en Tu Palabra, "Pues si vosotros, siendo malos, sabéis dar buenas dádivas a vuestros hijos, ¿CUÁNTO MÁS vuestro Padre celestial dará el Espíritu Santo a los que se lo pidan?" (San Lucas 11:13). Te pido también que me llenes del Espíritu Santo. Espíritu Santo, levántate en mí mientras alabo a Dios. Espero plenamente hablar en otras lenguas según Tú me des que hable (Hechos 2:4). En el Nombre de Jesús ¡amén!

Empiece a alabar a Dios por haberlo llenado del Espíritu Santo. Hable las palabras y sílabas que reciba—no en su propio idioma, sino en el idioma que le a dado por el Espíritu Santo. Tiene que usar su propia voz. Dios no lo obligará a hablar. Adore y alabe a Dios en su idioma celestial, en otras lenguas.

Continúe con la bendición que Dios le ha dado y ore en lenguas todos los días.

Usted es un creyente renacido, lleno del Espíritu Santo. ¡Nunca será el mismo!

Encuentre una buena iglesia que predique la Palabra de Dios y la obedezca. Venga a ser parte de una congregación que le ame y cuide como usted la ama y cuida.

Necesitamos estar conectados entre todos, para fortalecer nuestra fuerza en Dios. Es el plan de Dios para nosotros.

Sobre el Autor

Kenneth Copeland es el co-fundador y presidente de los Ministerios Kenneth Copeland en Fort Worth, Texas, EE.UU y el autor de éxitos de librería que incluyen *Administrando los Fondos Mutuos de Dios—de Usted y de Él, Cómo Disciplinar la Carne* y *Honor—Cómo Caminar en Honradez, Verdad e Integridad.*

Ahora, luego de 40 años como ministro del evangelio de Cristo y maestro de la Palabra de Dios, Kenneth es el artista musical que ha grabado álbumes como *Sólo los Redimidos* (nombrado para el premio Grammy), *En Su Presencia, Él es Jehová* y el recién publicado *Junto a Ti.* Es asimismo co-estrella, representando el papel de Wichita Slim en las series infantiles de aventuras en video *El Pistolero* y *Jinete del Pacto* y en la película *El Tesoro de Eagle Mountain*, y de Daniel Lyon en los videos del Comandante Kellie y los Superniños, *Armadura de Luz* y *Juicio: El Proceso de la Comandante Kellie.*

Con la ayuda de oficinas y el plantel en los Estados Unidos, Canadá, Inglaterra, Australia, Sudáfrica y Ucrania, Kenneth está haciendo cumplir su visión de predicar con denuedo la incomprometida Palabra de Dios de polo a polo y en toda la redondez de la tierra. Su ministerio llega a millones de personas en todo el mundo a través de programas televisivos diarios y de domingo, revistas, cintas educativas, congresos y campañas y en la Web mundial.

Aprenda más sobre
los Ministerios Kenneth Copeland
visitando nuestro sitio en el Internet **www.kcm.org**

Libros disponibles de Kenneth Copeland Ministries

por Kenneth Copeland

Una ceremonia de bodas
Libres del temor
Ahora somos de Cristo Jesús
Nuestro pacto con Dios
La oración–la fundación del éxito
La prosperidad–depende de usted
La sensibilidad del corazón
Seis pasos a la excelencia en el ministerio
¡No te aflijas!
La decisión es suya
La fuerza de la fe
La fuerza de la rectitud
La misericordia de Dios
El poder de la lengua
La actitud ganadora
Bienvenido a la familia
¡Está sanado!

por Gloria Copeland

Y Jesús los sanó a todos
La voluntad de Dios es el Espíritu Santo
Cosecha de fe
El amor–el secreto del éxito
Camine en el Espíritu

Libros co-escritos por Kenneth y Gloria Copeland

De fe en fe–una guía diaria para la victoria

Oficinas Internacionales de los Ministerios Kenneth Copeland

Para obtener información de KCM y recibir un catálogo gratis, por favor escriba a:

Ministerios Kenneth Copeland
Fort Worth, TX 76192-0001
Estados Unidos de Norteamérica

Kenneth Copeland
Locked Bag 2600
Mansfield Delivery Centre
QUEENSLAND 4122
AUSTRALIA

Kenneth Copeland
Private Bag X 909
FONTAINEBLEAU
2032
REPUBLIC OF
SOUTH AFRICA

Kenneth Copeland Ministries
Post Office Box 84
L'VIV 79000
UKRAINE

Kenneth Copeland
Post Office Box 15
BATH
BA1 3XN
U.K.

Kenneth Copeland
PO Box 3111 STN LCD 1
Langley BC V3A 4R3
CANADA

¡Estamos aquí para usted!

El Programa *la Voz de Victoria del Creyente*

Sintonice a Kenneth y Gloria Copeland y el programa *la Voz de Victoria del Creyente* de lunes a viernes y domingo cada semana, y aprenda cómo la fe en la Palabra de Dios pueda transformar su vida de común en extraordinaria. Esta enseñanza de la Palabra de Dios está diseñada para hacerlo llegar a donde quiere estar—*¡en el éxito!*

Puede ver la transmisión de *la Voz de Victoria del Creyente* en su canal local o por cable o satélite.

Verifique los horarios y canales en la programación local.
Solamente en Inglés.

La Revista *la Voz de Victoria del Creyente*

Disfrute de la enseñanza y el aliento de Kenneth y Gloria Copeland y ministros invitados cada mes en la revista *la Voz de Victoria del Creyente*. También incluye testimonios de la vida real del poder milagroso y la intervención divina de Dios en la vida de la gente como usted.

Es más que una revista—es un ministerio.

Solamente en Inglés.

Para abonarse GRATIS a *la Voz de Victoria del Creyente* o para regalar GRATIS un abono a la revista *¡Grita!* a un niño, escriba a:

Kenneth Copeland Ministries

Fort Worth, TX 76192-0001

UNITED STATES OF AMERICA

O llame al:

800-600-7395

(7 a.m.-5 p.m. CT)

O visite nuestro sitio en Internet

www.kcm.org

Si nos escribe del extranjero, por favor entre en contacto con la oficina KCM más cercana. En las páginas anterior se encuentra una lista completa de las oficinas del KCM.